JN411779

셋

셋동인 시집 제7집

한강

발간사

대설 절기가 지나고 동지가 다가오는 이때, 셋 동인지 7집이 출간되어서 감회가 새롭습니다.

이제 셋 동인 모임도 사람으로 치면 정규 교육 과정의 최초 입문 과정인 초등학교 1학년에 해당한다고 하겠습니다.

그런 의미에서 우리 셋 동인들의 문학도 한 걸음 더 나아가는 시간이 되었으면 하는 바람입니다.

셋 동인들의 나이가 점점 늘어나는 만큼 글에서도 인생의 연륜들이 묻어나는 작품들이 많아져서 참으로 뿌듯합니다.

이제 셋 동인들의 활동이 7주년을 지나면서는 좀 더 한국 문단의 주축 역할로 옮겨 갔으면 하는 욕망을 가지는 것이 과욕이지 않을 것이라는 생각이 듭니다.

셋 동인들을 주축으로 한 문단 활동이 앞으로 더 활발해지기를 바라고 셋 동인들의 앞날이 더욱 활짝 피어날 수 있기를 기원하면서 셋 동인지 7집 발간사에 갈음하고자 합니다.

감사합니다.

2025년 12월에

셋 동인회장 정태호

1974년 《풀과 별》(이동주, 정완영) 추천 완료. 시집 『시는 꽃인가』, 『침묵보다 더 낮은 소리』, 『사랑』 외 12권. 부산문학상, 봉생문화상, 한국시학상, 세종문화예술 대상, 한국문예 대상 외 다수 수상. 4인시 동인. 부산시인협회 회장, 한국자유문인협회 회장, 국제PEN한국본부 부이사장, 동명대학교 총장, 세종대학교 석좌교수 역임

다정多情을 두고
신촌로터리 시내버스 정류소에서
세상 전파
예
터진 웅덩이
어린 양 같아서
오수午睡
낙엽落葉
시간 안에서

정순영

다정多情을 두고

— 고영옥 여사를 추모하며

이승에
다정을 두고

봄에는
돌담 안 정원에
자주紫朱 목련으로

가을에는
사립문에 기대어
붉은 단풍으로

정이 그리워
정이 그리워

밤에는
맑은 달 미소로
나를 감도네

신촌로터리 시내버스 정류소에서

— 김송배 시인을 추모하며

그리워하는 마음이
높푸른 가을 하늘을 한 점 구름으로 떠돌다가
신촌로터리 시내버스 정류소 긴 의자에 쓸쓸히 앉아
누군가를 기다리고 있네

황량한 이승의 갈바람 속에서
소박한 옷차림으로 다정한 미소를 머금고 다가와
꼭 잡아주던 따스한 손을
흘러가는 사람들의 물결을 바라보며
기다리는 것이네

정 총장! 하고
어깨를 툭 칠 것 같아
하염없는 나날을 그리워하는 마음이
신촌로터리 시내버스 정류소 긴 의자를 떠나지 않고
있네

세상 전파

세상의 꾐에 빠졌나 보다
전파에 실려 오는 사람들의 소란한 말소리에
봄밤이 어지러워
새벽에 잠에서 깨어 우편함을 여니
녹음이 시냇가로 내려와 발을 담그고 산새 소리가 들린다
세상 전파를 끄고
산천山川에 몸을 씻는 나를 만나러 가야겠다

예

밝음과 어둠을 보며
예와 아니오를 아네

받는 마음을 생각한 희생이
받는 마음을 생각한 속죄가

얼마나 큰 사랑인지를

하나님에게서
'예' 로 왔다가 떠난 예수의 순종으로
단번에 알았네

터진 웅덩이

스스로 배불리 먹고 목을 축이기 위해
우린 일생토록 애써 땀 흘리며 행복이란 웅덩이를 파네
그러나 웅덩이는 터진 웅덩이라네

웅덩이가 터진 것을 보고 듣고 깨달아
나무 십자가를 거쳐 죄 사함을 받고 거듭나

웅덩이의 터진 곳에 말씀의 돌을 하나둘 쌓으면
목 마르지 않는 생명수가 고인다네

무수한 별들이 몸을 적시는
사슴들이 와서 물을 마시는

어린 양 같아서

형제여, 우린
곁눈질하다가 흩어지지 말자

가없이 눈부신 하늘의 거룩한 목소리에 귀 기울여
혀끝에 꿀을 바른 독사의 꾐을 물리치고 뚜벅뚜벅 걸어가자

형제여, 우리 숲속의 산새처럼 가슴을 부비는 은혜로운 교제 속에서
서로 사랑하고 기도하자

주께서 주신 성령이 내 안에 있으니
형제여 우리 게으르지 말자

이제 곧 눈부신 여명처럼 오실 이가 오시리니
우리 부릅뜬 눈으로 밤을 지키자

어느새 하얀 세마포에 휘감기어 해와 별이 빛나는 이천 층을 지나

삼천 층 하늘나라 주님의 품으로 가리니

오수午睡

진초록 잎사귀들이 햇살에 숨이 찬
여름 한낮
지리산 화개골에 들어서
차오른 무더위의 발목을 시냇물에 담그니
시리게 가시는 더위
호젓한 진목 미강재未江齋※의
정자亭子에 하얗게 부서지는 작은 폭포 물안개
시집 몇 권으로 돋아 고인 오수午睡
겨드랑에 골바람이 살랑거리네

※미강재: 초정 김상옥 선생이 내린 정순영 시인 당호堂號의 서재.

낙엽落葉

가을이 떠나고 있네

이 집
저 집
살던 사람들의 가슴에 고인 눈물을 색깔과 추억으로
울긋불긋 펴 올리다가

노인이 되어 지팡이를 짚고
이 거리
저 거리
바람에 흔들리며 떠나고 있네

텅 빈 나뭇가지를 붙잡고 바둥거리는 사람도
겨울이 오면
흰머리 날리는 노인이 되어
떠나야 하네

시간 안에서

하얀 눈을 맞으며
나는 세상을 떠날 채비를 한다
세상은 시간의 플랫홈이다
세월의 열차가 왔다가 떠나는 곳이다
예수님은 잃어버리지 않는 생명을 전심으로 간절하게 찾는 자에게 주려고 시간 밖에서 세상에 오셨다
하나님의 말씀을 열어
동해의 어둠을 거두고 떠오르는 가느다란 붉은 햇살에서 세상의 경이로움을 보이신다

그 경이로움 앞에서 말씀에 녹아 스미는 자가 되게 하소서
빈손으로 깨끗한 마음으로 맑은 눈동자로
세상에서 애써 얻은 보배를 진흙에 버리고 금金을 강가 돌밭에 버려라
세상에서 쥔 주먹을 펴 손을 높이 들고
간절함의 무릎으로 성경을 펼치고 하늘의 이슬을 마셔라
눈이 열리어 기이한 것을 보게 되리라
마음이 열리어 기이한 사랑을 알게 되리라

1987년 《시와 의식》 등단. 문학박사. 시집 『풀은 누워야 산다』, 『창세기』, 『인생이 시가 되려면』 외 3권. 수필집 『무지의 소치로소이다』, 한국문학비평가협회 작가상, 주간 한국문학신문 대상, 경기PEN문학 대상 외 다수 수상. 국제PEN 한국본부 경기지역위원회 명예회장. 서울시인협회 부회장. 한국현대시인협회 이사. 한국경기시인협회 이사. 한국문인협회 회원. 셋 동인회장

정태호

담쟁이는 풀이다

담쟁이는 풀이다
본시 순한 풀이다
깊은 산 자연 속에서 자라나 심성 고운 풀로 자라
스스로의 몸을 살라서 한 무리 군락을 이루고
희생으로 빚어진 쓰임새는 약초다

담쟁이는 나무줄기를 타고 올라
수분과 진을 나눠 먹으며 더불어 산다
간혹 바위를 타고 오르기도 하지만
벽을 탐하지는 않는다
스스로 희생하기에 절망도 없다

담쟁이가 절망을 느끼게 된 것은
자유의지를 잃고
시멘트나 벽돌 담벼락에 옮겨 심어진 연유다
시멘트에 붙어살다가 독을 먹고
절망을 이기고는 독초가 되었다

그래서
담쟁이는 벽을 넘지 말아야 했다

네가 아는 게 뭐냐

네가 아는 게 뭐냐
봄이 오면
목이 메이는 이유도 모르면서
물이 액체로 흐르는 것만 알지
그 자체로도 존재한다는 사실은 모르면서
바위는 꿈쩍도 않는 줄로 알고
용암을 액체로만 알지
사랑이 어떻게 울고
기억이 왜 쪼개지는지도 모르면서
산이 높은 줄만 알고
발밑에 스치는 안개가 구름인 줄도 모르는
너는
자연을 노래한다고
시를 읊는다고 나이만 먹고 있는데
네가 아는 게 뭐냐

사르데냐 섬

수도 깔리아리 시의 언덕길은
완만하면서도 오르기엔 만만치 않은 거리다
이탈리아 3대 국립고고학 박물관이 자리하고 있다고
꼭대기까지 올라서 관람한 박물관은
보잘것없다.
세상을 지배하던 로마의 영화가
이곳에서는 무색하다.
거석문화의 유적이라지만
고대 페니키아인들의 명성에 비할 바는 아니다.
멀리 지중해를 사이에 둔
보랏빛 염전이 아름다운 것은
사르데냐의 서글픈 현실이다
언덕길을 내려와
유럽 각국의 부호들이 찾는 휴양지에서
우연히 들른 맛집에서
나그네는 호기심이 동하고
절로 잊는 시름에 승선 시간만 늦어진다.

로마에서 · 2

트레비 분수의 물줄기는
탈 없이 흘러내리는데
동전을 던지며 소원을 비는 전통은
미신이더라
다시 로마를 찾건 말건
사랑을 하건 말건
우리의 오드리 헵번은
동전 한 닢보다는 귀할진대
개선문과 콜로세움의 거대함을 보고도
주눅들거나 졸지도 않고
달콤한 젤라또 하나를 빨며
진실의 입 속에 손을 넣고 가슴 졸이는 옹졸함으로
세파에 무심할 수 있는
삶이 사랑스럽다.

무섭다

무섭다.
정치가 드라마다.
정치는 생물이라더니 이렇듯 더러운 배신?
어느 날 갑자기 비상계엄
어느 날은 내란죄로 탄핵
헌재에서 판단에 시간 걸린다고
탄핵 사유에서 내란죄를 철회한다?
짜고 치는 고스톱도 아닌데
아침저녁으로 염치도 없이 바꾸는 말들이 생물이구나.
어제의 상사를 오늘 구속한 사유가
살기 위한 배신이라니 쯧쯧
군인이면 똥별이라도 자존심이 있어야지
판사가 판결에서 법조문을 예외로 처리하는
의리도 명분도 없이 먼저 죽이는 자가 승리하는
정치.
오늘의 대한민국
정치가 시나리오보다 더 무섭다.

부활 전날

하늘을 열어 주시려고
천둥 번개를 동반한 비를 내리고
성전 장막을 찢으셨는데
어리석은 무리들은 오히려 무서워 몸을 떨었지.

바리새인보다 못난 이념에 휩싸인 중생들은
자기 소견만 옳은 줄 알았고
정의와 공정들만 부르짖고 있는데
정녕 진리는 외면하고들 있다.

그분이 살아 있어서 역사를 이루는
역사를 하고 있다는 사실만 안다면
감히 제 소견대로는 못할 터.

지식이 늘어갈수록 진리에 대한 무지의 늪으로 빠지는
일상의 상처를 숨기는 간절한 염원이
마리아의 기도로 표출되는 은혜의 희망이 되어
오늘날 비로소 순리의 힘으로 되살아나는
봄을 알리는 들불처럼 어머니의 손으로 흔들린다.

에스겔의 환상

하늘이 문을 열었다.
에스겔은 포로의 땅 구름 먼지 속에서
하나님의 신이 찾아온 성전을 응시하는데
수레바퀴의 비밀로 불꽃을 보고
존재의 뜨거운 사명을 깨달았다.
폐허의 고통과 징조는
울부짖는 사자의 포효가 되어
부패한 권력이 도시를 무너뜨리며
경고를 무시하고
불의와 교만으로 구원의 길을 잃었다.
정의와 공의의 씨앗은
새로운 치유의 환상 속에서
뼈들이 모여들어 생명의 신비로 생기를 찾고
부활의 심장이 되고 언약은 이루어지리라.
폐허는 회복의 빛으로 물들고
약속이 이루어지는 날
말씀은 구원의 불꽃이 되어 타오를 것이다.

바르셀로나

스페인 내전으로 내상을 입은 설움의 도시
바르셀로나엔 축구팀만 있는 줄 알았다
성가족성당과 구엘 공원을 둘러보고서
바르셀로나는 가우디의 도시임을 알았다
구엘 공원의 야자수 나무 위에 둥지를 튼
말 못하는 앵무새 한 쌍이
바르셀로나의 현실을 얘기하고 있다
몬주익 언덕 위쪽엔 올림픽 스타디움이 있고
마라톤 우승자 황영조를 기념하는 조병화 시인의
글귀와 기념비가 있어도
현지인은 아무도 인식하지 않는다
한쪽 언덕 기슭으로 유대인들이 조성한
공동묘지만큼이나 조용한 도시에는
아직도 음모가 도사리고 있다.
크루즈 배를 타러 가는 나그네는
기대가 넘치는데

두려움

젊어서는
수락산 철모바위 꼭대기도 나비처럼 날아오르고
삼각산 비봉 바위 절벽 사잇길을
날다람쥐같이 뛰어다녔지

수로 종심이 지났어도 희수는 아직인데
생각만으로도 다리가 후들후들 땀만 뻘뻘

바람이 불어 체감 온도가 영하 20도라지만
기실은 영하 13도에도
동네 뒷산 오르기 마저 날씨 탓 핑계 삼는다

삶의 그림자는 저만치서
자꾸만 길어지고 있는데.

1992년 시집 『저녁 노을 속의 종소리』로 시작 활동. 시집 『유형지로부터의 편지』, 『당신과 세월』. 가장 문학적인 검사상(한국문협), 순수문학상 대상 수상. 변호사(한국·미국 워싱턴 D.C.). 서울대 법학박사. 미국 노스웨스턴대 법학석사. 전 국민고충처리위원장. 전 서울고등검찰청 검사장. 전 세종대 석좌교수. 국제PEN 한국본부, 한국문인협회 회원. 서울법대문우회 회장

주광일

2025년 10월 26일의 일기
—박정희 대통령을 기리며

46년 전, 가을이 떠날 채비를 하던 1979년 10월 26일 그대가 떠나던 날, "내 무덤에 침을 뱉어라" 라고 미리 선언한 다음, 이 땅에서 밥을 굶는 가난을 몰아내고 이 나라를 부강하게 만들기 위하여 온몸을 던져 불철주야 애쓰시던 그대를 떠나보내며, 이 땅의 애국 시민들 모두 흐르는 눈물을 감출 수가 없었습니다.

그때 그대의 주검을 불초 소생이 대한민국 검사로서 검시를 하였지요. 범행 현장 검증은 물론 그대를 시해한 범인도 소생이 직접 신문을 하고, 그가 극악무도한 범행에 합당한 처벌을 받도록 하는데 미력이나마 일조를 하였지요.

그날로부터 46년이 흘러버린 오늘, 2025년 10월 26일, 그대의 무덤 앞에 서서 나는 말을 잊었습니다.

떠나가는 가을을 아쉬워하는 갈바람에 흩어지는 낙엽들처럼 나의 마음 또한 이리저리 흔들릴 뿐, 나는 그저 두 눈을 감고 있었을 뿐입니다.

그러나 민족 중흥의 깃발을 흔들며 오로지 불타는 애국심만으로 이 땅을 살다 가신 그대를 잊을 수는 없었습니다.

아소산 분화구에서

아소산 분화구 깊은 곳에서
뿜어 나오는 유황 연기가
푸른 하늘로 떠오른다.
떠오른 흰 연기가
그대로 흰구름이 된다.
내 눈 바로 앞에서 펼쳐지는
이 장엄한 변신이 신비롭다.
눈이 어지러울 정도이다.
구사센리에 핀 억새풀들은
바람결에 흔들리는데,
분화구에 고여 있는
옥색의 유황물이
나그네의 가슴을 흔든다.
옥색 빛의 달콤한 유혹 때문인가?
아니면 무엇 때문인가?

수평선

바다와 하늘이 맞닿은 듯
우리 눈을 속이지만

사실은 살아 숨 쉬는 우주의 한 구석

미움보다 더 진한 그리움이 숨어 있는 곳

수평선이 오늘따라 선명하구나

바람은 아직도 찬데
수평선은 여전히 팽팽하고

먼 바다에선 파도도
치지 않는 것 같구나

아 오늘은 세상일 잊고
아름다운 꿈꾸기에
딱 좋은 날이구나

가을비

어제보다 훨씬 더 이르게 어둠이 찾아온 거리에 가을비가 내린다. 혹독했던 지난여름의 수많은 얼룩진 상처들을 조금이나마 씻어 주려는 듯, 제법 서늘한 바람을 앞세우고 줄기차게 내린다.

점점 더 어두워지는 거리를 아무런 기약도 없이 홀로 어슬렁거리는 내 앞에, 가을비가 사랑보다 더 진한 그리움처럼 잔잔하게 흘러내린다.

무궁화꽃

삼천리 금수강산
들판마다
골짜기마다
한 곳도 빠짐없이
무궁화꽃 활짝 피면
태극기 흔드는
칠천만의 손들
꽃처럼 빛나리라
하늘도 좋아라
덩실덩실 춤추고
찬란한 햇살은
꽃 속에서
안도의 한숨을 쉬리라

초승달

해 질 녘 서쪽 하늘을
홀로 지키는
초승달이여
그대 모습
참 맑고 초연하구나
언제나 정겨운
그대 모습
보고만 있어도 좋구나
한평생 통회하는
그대 모습
보면서 비로소 나는
나를 잊을 수 있구나

빗속의 장례

그저께 세상 떠난 내 평생 친구의 영정을 든 젊은 손자를 따라서 이 세상에 남겨진 이들이 함께 행렬합니다. 때마침 내리는 가을비가 고인과의 영원한 이별을 슬퍼합니다. 고인을 잃은 미망인의 묵주 기도가 그칠 줄을 모릅니다.

남겨진 이들도 반드시 오늘 떠나는 님의 뒤를 따를 것입니다. 이 순간 살아남아 있는 이들이 오늘 떠나는 이는 물론 죽은 모든 이들을 기억하는 이유입니다.

낙엽의 시

나두야 간다
나무들 울음소리 들으며
내 눈물 감추고
나두야 간다

미련 없이
회한도 없이
한번 가고 나면 되돌아
올 수 없는 길을
나두야 간다

되돌아보면 내 일생은
기적의 연속이었다
칠흑 같은 밤도 없지 않았지만
언제나 주님의 햇살이 넘쳤다

나두야 간다
주님 품에 안기려고
연지 곤지 찍고
나두야 간다

낙엽의 노래

나 이제 떠나리
아무도 없는 곳으로
아무도 모르는 곳으로
가서 사라져 버리리

여름 한철 거룩한 숲속에서
황홀했던 순간순간을
하늘 실컷 보며 호강했거늘

나 이제
무엇을 더 바라리
무엇을 더 걱정하리

아 이제 군말 없이 홀가분하게 떠나가리

이만하면 좋은 여행이 아니겠는가
누구도 슬프게 하지는
않지 않겠는가

1996년 월간 《문학공간》(조병화 시인 추천) 등단. 시집 『비밀한 고독』, 『별에게 물었다』 외 공저 다수. 2014년 서울시 지하철 스크린 도어 시 〈괜찮아요〉 게재. 문학공간상 본상, 한국문학비평가협회 창작상, 세계문화예술 대상, 경기도문학상 본상, 경기PEN 문학 대상 수상. 국제PEN 한국본부 이사. 한국문화예술연대 부이사장. 한국문학비평가협회 부회장. 한국현대시인협회 이사. 서울시인협회 이사. 한국경기시인협회 이사. 수지문학회 부회장. 국제PEN한국본부 경기지역위원회 부회장 역임

조덕혜

낙엽의 시간

손닿을 수 없이 깊고 높은
황홀한 가을이
우수수 떨어진 낙엽의 시간

저 기운 산등성이에도
색색가지 수북이 내려앉아
한 시절 청청했던 자존감을 품은 채
냉바람에 뒹굴고 있네

뒹굴다 여명의 허공을 딛고
야윈 나뭇가지에 피어난 하늘빛 이슬처럼
장엄한 꽃구름으로 다시 피어나
유유히 세상의 강을 흐르리라.

친하고 싶다

'괜찮아요' 라는 말
이 말 또한
찬바람 세찬 세상을 사는 동안
나의 분신인 듯 절친이면 좋겠다

'괜찮아요' 라고 말하고 나면
듣는 이보다 말하는 내가 먼저
구수한 숭늉을 마신 편안함처럼
뭔가 분주한 마음도 한 박자 쉬어지는

설령 사막이 아닌 꽃길을 걷는다 해도
괜찮아서 괜찮은 것보단
괜찮지 않은 것이 얼마나 더 많던가
하여 나는 날마다
'괜찮아요' 라는 말과 아주 친하고 싶다.

입추에

이내 물러서지 않는 폭염에
열병 앓는 지상의 생명들은
살아 숨 쉬는 것만도 얼마나 장한 일인가

오늘 반가운 소식 들리네
저 먼 데서 가을님이 첫발을 내디뎠다네
벼 익는 소리에 개가 짖는다는 입추라니
오라, 곧 선선한 가을 하늘 펄럭이겠네.

도심을 걷는 숨 가쁜 이 아스팔트엔
아직 염천의 땀 내음이 풀풀 날리는데
혹 그댄 어디쯤 당도했나요?
아 아니야, 말 탄 신랑이 멀었을까
땀방울 좀 훑다 보면 성큼 오고 말 텐데.

얄미운 것

고즈넉한 뒤안길
쓸모없이 돋아난 저 독버섯처럼
내 안에서도
문득문득 돋아나는 아린 그리움이 있네

얄밉게 떠나간 청춘
얄밉게 떠나간 사람
얄밉게 떠나간 세월

아, 아무리 돌아봐도 난 어쩌지 못하네
다만 이 얄미운 것들은 내게 스승이란 걸.

보고 싶은 친구여

그랬었네

마냥 풀잎처럼 작기만 한 나를
궁전의 뜰 안 향나무처럼 세워 주고
고슴도치보다 가시 많은 나를
비단 옥구슬처럼 고이 아껴 주었던
아, 멀리 그리운 친구여

우린 만나기만 하면 서로
하하 하하 보름달처럼 웃는 것이 인사였지
그땐 하늘도 같이 웃어
파란 하늘이 더 파랗게 눈이 부셨던
아, 멀리 보고 싶은 친구여

진정, 그댈 향한 내 고마움을 어찌 전하나.

천국에 사네

산수 풍광이 수려하고
좋은 사람들과 이야기가 흐르고
남들처럼 가족들과 감사히 살고
내 등 뒤에서 나를 지켜 주시는 이가
영원불멸의 죄까지 사해 주셨고

그 말씀으로 영영 자유케 하셨나니

지혜와 깨달음과 사랑과 용서
자비와 긍휼의 마음을 주셔서
하늘을 우러르는 소망으로
감사 노래가 절로 나는 이 땅
여기도 지금은 나의 천국이라오.

겨울 나목의 꿈

4월에 드니 천지가 새하얀 꽃들이네
모진 겨울을 죽은 듯이 견뎌 낸
뼈마디 앙상했던 겨울 나목의 변신 아닌가

철이 바뀌고야 알았지만
지난 엄동설한, 웅크렸던 나의 시간엔
그들은 감쪽같이 순리의 꿈을 키웠느니
그러게 무엇이 무엇을 크다 작다 말하랴

잔인한 4월의 지상에서도
의연하게 꽃 잔치 치르는 겨울 나목의 꿈
나는 다소곳이 귀를 기울이고 있네.

내 안을 일궈 주소서

파란 하늘을 맑게 두른
허기진 양들이 풀을 뜯어먹는
내 안의 풀밭을 넓게 일궈 주소서

푸른 초원을 꿈꾸는 세월 속에
아직도 듬성듬성 희미한 눈빛
미약한 숨소리 션찮은 풀잎마다

내 머잖은 세월이 다 가기 전에
당신의 푸른 생명수를 전하게
어서 내 안을 푸르게 일궈 주소서.

부디 깨워 주소서

이 땅, 약속의 환난 후에
광명의 해가 어두워지고
휘영청 달이 빛을 내지 않고
머나먼 별들이 떨어질 때
하늘 구름을 타고
동편에서 나서
서편까지 번쩍이는 번개처럼
아, 그리 오시리라는 저 높으신 이여!
듣지 아니하는 완악한 세상
무엇이 환난인지를 떨며 깨닫게 하시고
하늘과 땅의 주인이 곧
다시 오실 때의 징조를 역력히 알도록
부디 이 어리석은 귀를 깨워 주소서.

2002년 계간 《시의 나라》 등단. 시집 『노래의 빛』, 『외나무다리 저편』, 『말을 걸었다』, 『데카브리스트의 편지』 외 다수. 진주보건대학교 초빙교수

도경회

데이지

세상은 칡넝쿨 얽히듯 어수선해도
뻐꾹새 울음 투명하게 부서지는
소나무 숲에 샤스타데이지
길베 한 자락 펼치느라 여념이 없네

저마다 바람을 막아 주는
하얀 종이 초롱을 두른
가느다란 촛불 한 자루 들고
가슴 아픈 돌들이 나뒹구는 용탑마루
저 숨찬 길을 발목으로 불러들이네

비 오면 빗물에 눈물 씻어 보내고
눈 내리면 눈사태 진 애진 가슴이
목숨 나눠 기도를 부탁하는
처연하도록 목이 긴
사람들의 아베 마리아

구름 어깨 저 너머로 빌어 주는
속눈썹 뜨거운 지향들

소나무 가슴에 울려
뭉게구름도 낮달도 한낱 지나가는 발걸음도
미끄러지듯 흘러흘러

서툰 날갯짓 하느작대며
아무 내색 없는 어둠 빗장 젖혀 열고
무심결에 보내오는가
향기로 올을 푸는 은종 소리

바람

달이 풀잎에 젖는 시간
새는 소리처럼 날아가네

우거진 상수리나무 숲을 후리던
습기 머금어 무지근한 계절풍
등짐을 내리고

실어증을 앓는 마음에
긴 영화를 돌리는
가야금 열두 줄이 울어

노오란 잎새 한 잎에도
그늘을 물들이며
별이 돋게 일구는 너

어쩌면 노래를 멈추지 않는
눈먼 오르페우스인지 몰라

봄의 전령

대지는
모국의 이슬들이 소곤거리는 꿈을 꾸는가 보다
땅속 어둠에 푸른 맥이 뛰고 있다

문이 열리기를 기다리는가
단장의 심장을 열고
물 어린 눈을 뜨는 새싹들
파랑새도 되고 별 아기도 되어
훨훨 날아다니는

신화의 새벽은 이토록 큰 축복이구나

파르스름한 하늘이 뜨고
이슬 숲길 넓은 벌길
아지랑이가 먹먹한 물빛으로 내린다

해거름에도 먼
순이 얼굴처럼

민들레

소지 올리듯

밤새 물안개로 우려낸 남가람
젖빛 새벽

오늘도 첫날인 듯
쉬는 숨마다 기원이 되는가

뿌연 황사가 바람 부는 낮은 땅
적막이 숨죽인 자리
기어코 여기 와서 피었구나
방울처럼 오롱조롱 어리고 앳되다

돌 틈에 먼지 풀썩이는 한길에
무심히 앉아
소분소분 향을 피우고 있다
후렴처럼

한고비 넘으면 또 한고비

상한 발목이 목숨 걸던
슬픈 빛 무리
빈자일등

그대 내 안에 늘 혀져 있어

악보

하늘에 길 열리길 빌었을까
미처 쓰지 못한 연서
맑은 도랑물 흐르듯 흘러
달래 내음 한줄기 징검돌 건너가고 있다
낮은 음률에 몸을 실은 듯
시간은 어디쯤에 가고 있을까
잘디잔 진주 구슬 뿌리며
저만치 팔랑팔랑 날아가고 있다
늘 그리운 눈동자에 봄비 자박자박 머금고
속눈썹 뜨거웠던 나비
상제나비 한 마리

후루티

살 올라 복스러워 보이는 햇살이
혼자 놀고 있는 무덤가
빛 무리 찬란한
왕관을 쓴 채
연한 부리로 먹이를 쪼는 노랑 저고리
처음 만난 너
눈이 나를 본다
잘 여문 산초씨 같은
눈동자가 또렷거린다
어찌 심장을 뺏기지 않을 수 있겠는가
시간과 숨을 멈춰 세우고
나를 잊는 한순간
짧은 탄식을 내뱉는다
날개를 펼쳐
하늘로 날아가는 그 조그만 계집애
못 본 척할 걸
자목련처럼 마음 아파해 본다

명석鳴石
—흙돌

안개비 내리고
무지개 뜨는
소슬한 이야기가 마무리될 즈음

세월을 삭혀
기약 없이 기다리는 돌의 이마
해가 반쯤 걸려 있네

별살 서너 개
힘을 다해 뻗어 보다가
이내 사위어지네

해가 져야 난다지 않는가
신의 부엉이는

아무도 모르게 도우시는 이가
아득히 잊혀진 채
온몸에 사반이 번진 몸
달래듯 품에 안고 가시네

일곱 계절의 정원으로
방울 소리 울리며

복수초

얼마나 풀무질을 했을까
잣눈에 길 열어
가슴속 적막한 통증을 지나
얼음 화관 쓴 한 무리 꽃별들
어린 봄 밝혀 든다
긴 겨울
견디는 건
나만이 아니었구나
눈 마주하며
서로 순하게 바라본다
마음에 머뭇머뭇 세월만 보내던
무구한 사랑이
내 눈에 들어온 것 같다
부드러워진 폐가 꽈리처럼 부풀어 올라
심장에서 살얼음 바스라지는 소리
난다

간이역

금잔화 석죽 패랭이꽃
천천히 흔들리기 시작했다
차창 밖으로 마음 쏠리게 하는
그 흔들림까지도 꽃이었을까

손가락 걸고 흔들어 보았지만
목소리는 빗소리에 녹아
그림자는 창가에 내리는 거센 비에 섞여 버렸다
아무것도 품지 않아 적막한 손수건 꺼내
젖은 유리창을 닦았다

짜다 만 옷감처럼 남아 있는 그리움
히야신스 뿌리처럼 쭉쭉 뻗어
북천역에서
잠시 멈칫거린다

2010년 《문예춘추》(수필), 2014년 《고려달빛》 고려문학상 본상 수상으로 등단. 시집 『하늘에 닿은 날갯짓』. 대통령 표창, 보국훈장 삼일장, 천수장, 국선장, 자랑스런 예비역상, 아시아 리더상 국방안보 대상, 코리아 파워 리더 대상 외 다수 수상. 국제PEN 한국본부 회원. 전 공군 참모차장. 전 주 레바논 특명전권대사. 민주평화통일 자문회의 자문위원. 사회공헌 다사랑월드 이사장. 공군발전협회 항공우주력연구원 원장. 재향군인회 공군부회장

이영하

시인 정신

시인은 세상의 거울을 닦는 사람,
눈물로 진실을 닦고,
희망으로 어둠을 비춘다.

한 줄의 시가 한생의 불씨가 되고,
낱말 하나가 마음의 길을 연다.
그 길 끝에서 인간의 존엄이 빛난다.

세속의 바람이 흔들어도
시인은 침묵 속에 외친다.
진실은 결코 쓰러지지 않는다고.

시의 숨결이 사회를 품을 때,
그것이 곧 문명의 숨이다.
시인은 세상을 바꾸는 작은 불씨다.

물의 철학

물은 말없이 흐르며
모든 것을 품고 제 길을 간다.
때로는 폭포가 되고,
때로는 구름이 되어 하늘을 오른다.

아래로 흐르는 겸손,
부딪혀도 부서지지 않는 인내,
그 속에 생명의 진리가 숨어 있다.

물이 멈추면 썩지만,
흐르면 모든 것을 살린다.
우리의 삶 또한 그래야 한다.

작은 물방울이 모여
강을 이루고 바다를 품듯,
사람의 선의가 세상을 채우기를.

700만 개의 아리랑

한 줄기 바람이 내 마음을 스친다.
그 속에 묻힌 노래, 오래된 이름, 아리랑.
눈보라 치던 겨울에도
벼 이삭 누운 여름에도
우리는 그 노래로 숨 쉬었다.

억눌린 가슴마다 피어난 노래여,
시린 하늘에 걸린 무지개여,
누가 이 노래를 막을 수 있으랴!
한恨의 물결이 곧 자유의 강이 되어
온 세상을 감싼다.

하늘은 그 노래에 날개를 달고
산천은 노래의 리듬으로 흔들린다.
그 조화 속에서 우리는 다시 사랑을 배운다.

억겁의 세월도 닳지 못한
한 소절 노래 속의 영혼이여,
이제 우리는 하늘을 난다.
아리랑, 아리랑, 하늘을 나는 아리랑

이영하 77

그대가 바람이라면

그대가 바람이라면
나는 그대의 길이 되고 싶다.
머무르지 않아도 좋다,
잠시 스쳐도 내 안을 지나가면 된다.

그대가 새벽이라면
나는 고요한 창문이 되리라.
희미한 첫 빛에도
내 마음은 새 노래를 배운다.

서로 닿지 않아도
서로를 느낄 수 있는 인연,
그건 하늘이 허락한
가장 순수한 만남이다.

그대의 이름을 부르지 않아도
바람결에 실린 마음이 닿을 때,
나는 안다.
사랑은 언제나 보이지 않는 곳에서 피어난다는 걸.

하늘의 편지

하늘빛이 유난히 고운 날,
나는 그대에게 편지를 씁니다.
주소는 "하늘 아래, 그대의 마음속."

한 줄 한 줄 적다 보면
구름이 종이 되고,
햇살이 잉크가 됩니다.

그리움도, 미안함도,
한없이 투명해져
하늘빛 속으로 녹아듭니다.

편지를 다 쓰면
바람이 조심스레 가져갑니다.
아마도 그대의 미소가
답장이 되어 오겠지요.

길이 인생의 스승

길 위를 걸을 때마다
나는 또 다른 나를 만난다.
처음엔 길이 나를 이끌고,
이윽고 내가 길을 이끈다.

비 온 뒤 미끄러운 길에서
겸손을 배우고,
돌부리 앞에서 멈추며
생각의 깊이를 익힌다.

누군가 지나간 자국마다
한 편의 인생이 남아 있다.
길은 말하지 않지만
모든 걸 알고 있다.

헤매는 것도 배움이고,
되돌아감도 지혜다.
길의 끝에 도착한 사람보다
끝까지 걸어온 사람이 더 아름답다.

인생의 선율, 삶의 조형미

한 줄의 선이 그어진다,
그것이 나의 첫 숨이자 인생의 악보다.
직선은 믿음을 가르치고,
곡선은 사랑을 일깨운다.

삶은 그 두 선이 빚어낸 예술,
넘침도 모자람도 없는 조화의 미학이다.
햇살은 빛의 선으로,
바람은 소리의 선율로 흐르고,
나는 그 길 위에서 내 노래를 배운다.

때로는 굽이치고,
때로는 끊어지며 다시 이어지는 길,
그 길마다 희로애락이 음표가 된다.

돌아보면
내가 걸어온 선들이 얽혀 하나의 그림이 되었고,
그 그림 속에서 내 영혼은 자라났다.

오늘도 나는 조용히 한 줄의 선을 긋는다,
그 끝에는
아직 완성되지 않은 내 노래가 흐른다.

세상이 시로 물든다면

세상이 시로 물든다면,
욕심은 잎새처럼 부드러워지고
말의 칼날은 바람처럼 둥글어지리라.

거짓은 햇살 아래 투명해지고
분노는 강물 따라 흘러가리라.
사람의 눈빛엔 다시 별이 깃들고
손끝마다 따뜻한 온기가 번지리라.

길가의 돌멩이도 노래를 부르고
새 한 마리의 날갯짓이
희망의 문장을 쓸 것이다.

그때, 세상은 더 이상 설명이 아니라
서정으로 살아가는 풍경이 되리라.
우리의 삶이 시가 될 때,
그날이 바로 평화의 새벽이다.

단풍, 그 불타는 열정

그대는 보았는가,
한 잎의 마지막이 얼마나 찬란한지를.
단풍은 이별의 색으로 피어나
온 산을 붉게 적신다.

그 붉음은 절망이 아니라,
자신의 생을 완성하려는 열정이다.
불길처럼 타오르되
누구도 다치게 하지 않는다.

낙엽이 바람에 날리는 건
후회의 몸짓이 아니라,
자유의 춤이다.

인생 또한 단풍처럼
타오를 수 있다면 얼마나 아름다울까.
끝을 불태워, 의미로 남는 생.

2016년 《시사문단》 등단. 시집 『살포시 그대 품에 안기고 싶다』. 한국경기시인협회 회원. 경영학 박사. 전 서원대학교 교수(겸임). 전 오산대학교 교수(겸임). ACS 관세사무소 대표관세사

조국형

마지막 인사

긴 강을 건너
돌아가는 길목에 섰다

손을 흔들어 웃어 보지만
바람 속에 젖어드는 목소리는
끝내 닿지 못한 채 스러진다

문을 나서는 순간
발끝이 망설인다
한 걸음만 내딛으면

나는 떠나고
너는 남아

스며든 내 시간들
한 줌 바람처럼 남겨 두고

주머니 속에는 네가 건네준 작은 메모들
그동안에 담긴 수많은 낮과 밤

잊지 못할 이야기들

나는 조용히 눈을 감는다
편안한 마음이 무겁지 않기를
남겨진 마음이 아프지 않기를

그리움은 돌아오는 길이 없어서
우리는 서로를 그리워하는 사람이 된다

잊혀진 바람

요양원의 복도 끝, 잿빛 아침
한평생 선행의 빛으로 물들었던 당신

계절을 잊은 나뭇잎 되어
시간의 바다에 표류하시네

바람에 흩날리는 기억의 꽃처럼
시간의 강물에 씻겨 내려가는 추억들

모래알 같은 기억을 주워
당신의 어깨에 가득 놓아도

파도가 삼켜 버리는
이름 없는 섬이 되고 말았습니다

막냇사위의 눈에는
특별한 온기였던 사랑

평생을 환하게 밝혔던

그 미소

어둠 속에서 반짝이는 별처럼
언제나 당신을 기억하며

내 마음에 다시 불러 봅니다

별들의 노래

한때 푸르렀던 우리
바다 건너 이곳에 모였네

바람에 날린 머리칼은
은빛 물결이 되어
세월을 등에 지고 걸어왔네

눈빛 속에 깃든 정은
아직도 그때 그 자리
마르지 않는 샘물처럼 흐르네

그날의 웃음, 그날의 꿈
아직도 마음 한구석에 남아
은은한 등불처럼 빛나고 있네

서로의 얼굴에 비치는 오키나와의 하늘은
아직도 푸른 물결이 맴돌아

흩어진 별들이 다시 모여 서로를 비추듯

우리도 이렇게 만나
오래도록 함께 빛나리라

이 따스한 손길을
가슴 깊이 새기며
세월이 흘러도 잊지 않으리

그대의 손길

이른 새벽 창가를 어루만지는 바람처럼

아직 깨어 있지 않은 세상을 품으며
흘러가는 강물처럼

고요한 날엔 부드럽게 밀어주고
거친 풍랑 속에선 묵묵히 버텨 주는 바다처럼

마른논에 흐르는 빗물처럼
보이지 않는 곳까지 적시고

길 잃은 아이를 부드럽게 이끄는 달빛처럼
우리를 인도하네

가뭄에 갈라진 저녁노을 꽃 같은 상처들
그대의 손금엔 강이 흐르고

세월이 창가에 서려
머리카락을 하얗게 훑을 때에

가족이라는 밭고랑에 심은 씨앗들
밤을 지키는 등대 되어 그대를 품어 주네

그대의 손길이 머무는 곳
그곳이 곧

우리의 집이라네

숙성의 노래

오래된 와인은 침묵 속에 비밀을 품고
된장은 세월의 주름 아래 깊이를 감추네

어느 날의 만남이 저녁노을처럼 물들어
시간이란 항아리 속에 우리 또한 깊어 가네

'셋' 이라는 이름의 문인들
세 개의 별이 모여 한 별자리를 이루듯

우리의 시어들도 밤하늘에 빛나는 별처럼
시간의 비단 위에 수놓아지네

첫 만남의 서툰 향기는
숙성된 깊이로 영글어

문장과 문장 사이 스며든 세월은
꿀보다 달콤한 친밀함으로 피어나네

와인 잔에 맺힌 이슬처럼

된장찌개 위로 피어나는 김처럼

우리의 글자들은 공기 중에 흩어져도
다시 모여 하나의 시가 되네

시간이 흐를수록
더 깊어지는 관계의 향

오래 묵을수록
더 진해지는 우정의 맛

세월이란 양조장에서
우리는 함께 익어 가네

부부 소나무

마당 한 켠
너와 나
말없이 마주 선 세월이 있다

바람이 불어도
눈이 내려도

서로의 그림자가 되어
묵묵히 견뎌 낸 날들

너는 가끔 가지 끝으로 말을 걸고
나는 줄기로 대답했지

말보단 숨결로
숨결보단 기다림으로

서로의 뿌리가
땅 아래서 얽혀 있다는 걸
굳이 말하지 않아도 아는 우리

봄이면 연둣빛 속삭임
여름엔 짙은 그늘이 되어
누군가의 쉼이 되었고

가을엔 침묵을
겨울엔 침묵조차 따뜻하게 나눴다

우리
나무처럼 나이 들어도 좋겠다

함께 있는 것만으로
푸르른 하루가 되는 그런 존재로

오래된 이름 하나

— 친구

세월에 묵은 와인 한잔
첫 모금에 웃음이 피고
끝맛엔 눈물이 고이네

밤이 길던 어느 날
말없이 내미는 술잔 하나
묵직하게 전해지던
마음의 온기

바람이 거세게 불던 날이면
등 뒤에서 느껴지는
든든한 믿음의 무게

오래 바라본 계절은
겹겹이 쌓여
말보다 눈빛이 많아졌고

잊은 줄 알았던 이야기들
바람을 타고 떠오르면

저녁이 내려앉을 때
불 꺼진 창가에
조용히 켜지는 불빛처럼

바람결 같은 손길로
때론 말없이, 깊은 산의 그림자처럼
나를 감싸 안네

이제 남은 길 짧아져도

함께 웃던 날들은
내 안에서 늙지 않으리

가을 아침, 그대와 산을 오르며

안개는
나뭇잎 끝에서
천천히 하루를 깨운다

젖은 숲길에
첫발을 내딛는 순간

오랜 세월이
낙엽처럼
바스락거리며 따라온다

당신의 숨결은
가을 공기 속에 섞여
맑게 번지고

손끝에 스친 온기는
햇살보다 따뜻하다

이른 산의 고요 속에서

세상은 잠시 멈춘 듯

우리 둘의 호흡이
숲의 리듬이 된다

오늘의 산길이 끝나도
세월이 바람으로 스쳐가도

당신은 여전히
내 곁의 푸른 산

내 삶의
가장 맑은 풍경이다

선유도

— 가을빛 우정

몽돌해변에 앉으니
파도는 낮은 숨결로 다가와
세월의 흔적을
고요히 안겨 준다

전망대 너머 바다는
가을 햇살을 머금어 반짝이고
단풍 빛 능선은
우리 마음처럼 천천히 번져 간다

갯바위 바람 속에서
우리는 오래된 웃음을 나눈다
얼굴의 주름은 깊어졌어도
눈빛은 여전히 맑고 따뜻하다

짧은 인생의 강물 위에
우정은 섬처럼 오래 남아
빛으로 머문다

아름답게 늙어 간다는 건
추억을 곱게 간직하는 일
서로의 가슴에
가을빛처럼 스며드는 일이다.

1997년 《한국디자인포럼》(예술비평), 2010년 《부산시선》, 《한국시학》 등단. 저서 『박학한 무지』, 『예술의 혼을 담다』, 『민병일 컬렉션』 외 다수. 부산시문화상, 봉생문화상, 해운대문학상, 시원문학상 외 다수 수상. 한국문인협회, 한국시인연대, 부산시인협회 회원

민병일

새벽

주위는 아직 고르게 적막한데
닫혀진 동창 사이로 새어드는 여명 속에
실꾸리로 파고드는 사념의 갓밝이 따라
먼 시간 바다 저편에서 새벽이 찾아오고 있다

쪽잠 같은 세월 따라 맴도는 쳇바퀴 안의
올무에 갇힌 상념을 고요 속에 떨쳐 버리고
통회하는 지난날 눈을 뜨면 덧없음에
동트는 새벽 바다 멀리 파편 되어 흩어진다

국화

찬바람 몰아치고 눈 시리게 밝더니
하얀 봉오리 하나 그림같이 피었다
생명을 사르듯 순결한 송이마다
몇 겹 터진 입술은 하늘을 향한다
고요한 시간 속에 곱게 싹튼 영혼은
시린 계절 꽃잎으로 맺힌 사연 하나
황금 햇살 속 향기로 풀어 헤친다

어느새 잊은 듯 국화 피는 이 아침에
다가서는 숨결 속 그대 앞에 머문다

추억

숱한 생각들
초록의 대지 위에 질펀히 누우면
연연한 창공 속
조각구름 사이로
한 줄기 빛이 되어 노래 부른다

바람 속에 맴도는 추억으로
눈감아 접어 보는 한 줄기 빛 속에
서사시 한 편을 머리에 이고
여일은 햇살 사이로
청아한 목소리로 마디마디에 흐른다

봄

밭이랑 물결 따라 종다리는 높이 날고
솔솔 부는 봄바람 속에 나지막이 귓가를 스치고
청보리밭 꽃무리 속의 향기는 코끝에 퍼진다
어느덧 햇살은 중천에 머물러 있고
얼굴 감춘 뻐꾸기 울음소리 뻐꾹뻐꾹
영산홍 향기는 활활 산천을 휘감고 있다

세월

인생의 외길 속에 가던 길 멈추고
수레 위에 앉아 감았던 눈을 뜨니
지나온 길 따라 미완의 빛바랜 시간 속에
가려진 소매 속의 다섯손가락은
남은 영혼의 가여운 동행자일까
앓아 온 세월 속에 마디마디 저려 온다

속량없이 뒹군 숙맥 같은 날은 지나고
이제야 별빛 닦아 시를 쓰는 시간
앙금같이 맺혀진 후회 속의 사연들
훌훌 털고 잃어버린 자유 속에
아픈 손가락으로 남은 날 계수하며
인도하는 걸음 따라 감사하며 살아가리

나잇살

새가 되어서 날아 보는 고샅 가운데에는
새막 안의 만장한 늘그막 이웃 음성들이
내 곁으로 다가와서 다정다감하게
보름달로 익어 가고 있다

둘레길

갈매기 울음소리 포말 속에 흩어지고
밝아 오는 하늘은 고요 속에 새벽을 가르는데
아직도 청돌은 물속에서 생각을 헹구고 있다

잠 깨운 찬바람은 해변에 나래 접어 앉아 있고
자욱한 새벽안개 속에 수평선은 가까워지며
아침을 여는 넉넉한 둘레길은 은혜로 충만하다

아침 바다 측량의 기도로 다듬질하는 간절함은
깊은 곳에 자리 잡은 시름 따위 떨쳐 버리고
청명한 영혼은 아침 둘레길로 접어든다

선물

손잡아 사는 세월 속에
가만한 행복을 안고서
비리디언 리본을 푼다
갈피 속에 숨은 지난 부끄러움
가늠할 수 있는 거리에 서서
후리지아 향기로 메아리쳐 와
여운으로 남은 당신의 체온
한결 따듯하다

아내 얼굴

f1호※쯤 한 뼘 사각 안의 아내 얼굴 속에
옹이 박힌 참을 인忍 자 하나 이마에 그려
멋쩍은 모습으로 내 곁에 앉아 있다

새하얀 얼굴 받쳐 노오란 원피스를 사랑하던 아내
지난 반세기 식은 죽 먹듯 허풍스런 나의 세월을
희생의 기억으로 매만지며 앉아 있다

사소한 자존에 소리 높이고 지치고 공허할 제
섭섭한 마음 가슴에 묻고 이어 주는 따뜻한 손
그대가 진정 나의 위안임을 이제야 알고 있네

어느 골짝 수선화 백합화가 따로 있을까
보듬고 희생한 가없은 마음일랑 바람 속에 날리고
한 뼘 사각 안에 옹이 박힌 아내가 내 곁에 앉아 있다

※f1호: 대략 23×16cm 정도의 인물화 규격

주소록

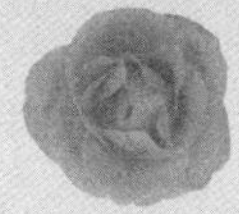

셋동인 주소록

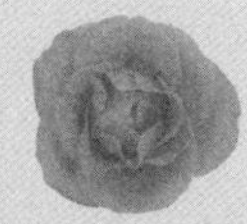

셋동인 주소록

정순영	14061	경기도 안양시 동안구 학의로408번길 13, 117동 1306호(인덕원대우아파트푸른마을)
정태호	16495	경기도 수원시 영통구 광교로42번길 80, 101동 1505호(이의동, 광교아르데코)
주광일	06635	서울시 서초구 사임당로17길 90, 102동 302호(서초롯데캐슬84)
조덕혜	13552	경기도 성남시 분당구 대왕판교로 155, 102동 302호(금곡동, 더 헤리티지)
도경회	52656	경남 진주시 상봉대룡길 18, 101동 809호(상봉동, 화인아파트)
이영하	12787	경기도 광주시 태전동로 54, 1518동 501호(태전동, 힐스테이트 태전)
조국형	17514	경기도 안성시 삼죽면 덕산호수길 91-6
민병일	48089	부산시 해운대구 해운대로452번길 18, 101동 201호(우동, 대우동삼아파트)

발행 I 2025년 12월 9일
지은이 I 셋동인
펴낸이 I 김명덕
펴낸곳 I 한강출판사
홈페이지 I www.mhspace.co.kr
등록 I 1988년 1월 15일(제8-39호)
주소 I 서울시 종로구 삼일대로 457, 501호(경운동, 수운회관)
전화 02) 735-4257, 734-4283 팩스 02) 739-4285

값 12,000원

ISBN 978-89-5794-603-9 03810